1902. Mars.
10

VENTE DU LUNDI 10 MARS 1902

HOTEL DROUOT, SALLE N° 8

à 2 heures 1 2.

DESSINS

Anciens et Modernes

AQUARELLES

Sujets Militaires

TABLEAUX

EXPOSITION PUBLIQUE
LE DIMANCHE 9 MARS 1902
DE 2 HEURES A 5 HEURES 1 2.

COMMISSAIRE-PRISEUR

Mᵉ Maurice DELESTRE

5, Rue Saint Georges, 5

EXPERT

M. Paul ROBLIN

65, Rue St-Lazare, 65

CATALOGUE

DE DESSINS

ANCIENS ET MODERNES

AQUARELLES

PAR

BEAUQUESNE, BELLANGÉ, CHARLEMONT
DETAILLE, FRAGONARD, INGRES, LELOIR, MEISSONNIER.
RAFFET, REGAMEY, ETC.

TABLEAUX

Dont la Vente aux enchères publiques aura lieu

HOTEL DES COMMISSAIRES-PRISEURS, RUE DROUOT, N° 9, SALLE N° 8

Le Lundi 10 Mars 1902

à deux heures 1/2.

Par le Ministère de Me **Maurice DELESTRE**, Commissaire-Priseur
5, RUE SAINT-GEORGES, 5

Assisté de M. **Paul ROBLIN**, expert
65, RUE SAINT-LAZARE, 65

1902

CONDITIONS DE LA VENTE

La vente sera faite au comptant.

Les Acquéreurs paieront *dix pour cent* en sus des prix d'adjudication.

DÉSIGNATION

TABLEAUX

ANCIENS ET MODERNES

ARPAD DE MIG

1 - *Jeune Alsacienne en prière.*

Toile. Signé à droite et daté 1892.
(Haut. 0.32 ; larg. 0,29).

BEAUQUESNE (W.)

2 — *En observation.*

Bois. Signé à droite au milieu et daté 1889.
(Haut. 0.31 ; larg. 0,19).

BEERS (Jan Van)

3 — *Coquetterie.*

Panneau. Signé à gauche.
(Haut. 0,22 ; larg. 0,27).

BEERS (Jan Van)

4 — *La femme au masque.*

Panneau. Signé à gauche.

(Haut. 0,24 ; larg. 0,20).

BELLANGÉ (Eugène)

5 — *Clairon de zouave.*

Bois Signé à gauche et daté 64.

(Haut. 0,185 ; larg. 0,130).

CHAUVIGNÉ (Auguste)

6 — *Raisins et Pêches.*

Toile. Signé et daté 1889.

(Haut. 0,65 ; larg 0,80).

CORTAZZO

7 — *La comparaison des petits pieds.*

Bois. Signé à droite.

(Haut. 0,15 ; larg. 0,10).

DETAILLE (Edouard)

8 — *Un hussard.*

Bois. Signé à droite et daté 1876.

(Haut. 0,24 ; larg. 0,13).

DUBUFE

9 — *Portrait de Mme X. .*

Toile. Signé à gauche.

(Haut. 1,17 ; larg. 0,90).

FERNANDEZ (R. P.)

10 — *Le Billet de logement.*

> Bois. Signé à gauche.
>
> (Haut. 0,145 ; larg. 0,10).

FICHEL (E.)

11 — *Un buveur.*

> Bois. Signé à gauche et daté 1863.
>
> (Haut. 0,14 ; larg. 0,11).

FICHEL (E.)

12 — *Cavalier Louis XIII.*

> Bois Signé à droite, *E. Fichel* à *Victor Köning,* et daté 1868.
>
> (Haut 0,13 ; larg 0,10).

FOURQUET

13 — *Marine.*

> Toile. Signé en haut et daté 82.
>
> (Haut. 0,60 ; larg. 0,73).

FOURQUET

14 — *Marine.*

> Toile. Signé à gauche, 1881.
>
> (Haut. 0,23 ; larg. 0,36).

GALOFRE (B.)

15 — *Plage avec barques échouées.*

> Bois. Signé à droite.
>
> (Haut. 0,18 ; larg. 0,25).

GALOFRE (B.)

16 — *Une plage.*

Bois. Signé à droite.

(Haut 0,18 ; larg. 0,23).

GERLIN (J. E.)

17 — *Monuments de Rome.*

Toile. Signé à gauche.

(Haut. 0,19 : larg. 0 36).

GRENIER (F.)

18 — *Les enfants surpris par un loup. Esquisse du tableau exposé en 1833.*

Toile. Signé à droite.

(Haut. 0,24 : larg. 0,31).

GROLLERON (P.)

19 — *Où sont-ils !!*

Toile. Signé à droite.

(Haut. 0,45 ; larg. 0,32).

HAQUETTE (G.)

20 — *Barque de pêche.*

Toile. Signé à droite.

(Haut. 0,21 ; larg. 0,32).

INCONNU

21 — *Paysage.*

Toile.

(Haut. 0,20 ; larg. 0,31).

JOYANT (J.).

22 — *Pont des Soupirs à Venise.*

Toile. Signé à droite.

(Haut. 0,27 ; larg. 0,35).

LAPITO (A.).

23 — *Coin de Forêt à Fontainebleau.*

Toile. Signé à gauche et daté 1844.

(Haut. 0,44 ; larg. 0,31).

LAPOSTOLET

24 — *Un quai à Rouen (Vue de la douane).*

Toile. Signé à droite.

(Haut. 0.26 ; larg 0,39).

LESSI (Tito).

25 — *" Card Players " Les joueurs de cartes.*

Bois. Signé à gauche

(Haut. 0,12 ; larg. 0,10).

LUCAS (E.)

26 — *Musiciens Espagnols.*

Peinture sur Métal. Signé à gauche.

(Haut 0,30 ; larg. 0,42).

MEISSONNIER (Ernest).

27 — *Etude de cheval.*

Bois Signé des Initiales. Cachet de la vente du maître.

(Haut. 0,10 — larg. 0,08).

MEISSONNIER (Ernest)

28 — *Gentilhomme Louis XIII.*

En costume de Cavalier, il est représenté debout dans une écurie, appuyé à un montant de bois. Esquisse sur panneau Signé des Initiales.

(Haut. 0,19 ; larg. 0,15).

MEISSONNIER (Ernest)

29 — *Hercule assis sur un lion.*

Bois. Signé des Initiales. (Cachet de la vente du Maître, n° 209).

(Haut. 0,23 ; larg. 0,20).

MESGRIGNY (G. de)

30 — *Pêcheur sur les bords d'un étang.*

Toile. Signé à droite.

(Haut. 0,35 ; larg. 0,55).

ORTMANS (F. A.)

31 — *Vaches dans un pâturage.*

Bois. Signé à gauche.

(Haut. 0,125 ; larg. 0,150).

SANTARO (Rubens)

32 — *Vieille rue à Alger.*

Bois. Signé à droite,

Haut. 0,32 ; larg. 0,23).

SEPRÖTTER

33 — *Gentilhomme chasseur.*

Bois. 1886.

(Haut. 0,17 ; larg. 0.14).

TAMIZIER (A.)

34 — *Marseille, chemin de la Réserve au Faro.*

Panneau. Signé à droite.

(Haut. 0,23 ; larg. 0,31).

ECOLE FRANÇAISE XVIIIe SIÈCLE

35 — *Portrait de femme.*

Toile ovale.

(Haut. 0,64 ; larg. 0,54).

ECOLE FRANÇAISE XVIIIe SIÈCLE

36 — *Portrait de femme.*

Toile ovale.

(Haut. 0,55 ; larg. 0,45).

DESSINS

ANCIENS ET MODERNES

AQUARELLES

---

37 — **Adan** (E.). Le charlatan (Fables de Florian).

Plume et lavis d'encre de chine Signé : *Emile Adan*.   (Haut. 0,25 ; larg. 0,17)

38 — **Aubry** (Et.). La diseuse de bonne aventure.

Au lavis d'encre de chine. Cadre ancien en bois sculpté.   (Haut. 0,45 ; larg. 0,55).

39 — **Beaumont** (Ed. de). Tartarin sur les Alpes. — " Bavard !... " fit-elle avec un haussement d'épaules... — Page 273.

Aquarelle. Signé : *E. de Beaumont*.   (Haut. 0,17 ; larg. 0,12).

40 — **Bellangé** (Hyp.) Zouaves en reconnaissance.

Aquarelle. Signé : 1860.   (Haut. 0,15 ; larg. 0,18).

41 — Bril (Paul). Paysage.

Au lavis d'indigo. (Haut. 0,19 ; larg. 0,28).

42 - Carrache (A.). Sainte Madeleine en prière.

Plume et lavis de sépia. (Haut. 0,27 ; larg. 0,20).

43 — Charlemont (E.). Porte-étendart.

Aquarelle. Signé *E. Charlemont*. *93*.
(Haut. 0,28 ; larg 0,20).

44 — Clérisseau. Intérieur d'une rotonde romaine.

Crayon noir lavé de bistre et rehaussé de gouache.
(Haut. 0,25 ; larg. 0,20).

45 — De la Fosse (J. Ch). Cour intérieure d'un Palais italien avec statue et fontaine.

Aquarelle ovale. Signé. (Haut. 0,41 ; larg 0,32).

46 — Delort (C.). L'Enlèvement.

Encre de chine rehaussé de gouache. Signé : *C. Delort*. (Haut 0,25 ; larg. 0,17).

47 — De Machy (P. A.). L'Ecurie du Pape Jules II.

Plume et lavis de bistre. (Collection Damery et Chanlaire). (Haut. 0,26 ; larg. 0,18).

48 - Descamps (J.-B.). Promenade publique sous la Régence.

Sanguine (Collection du Marquis de Chennevières).
(Haut. 0,29 ; larg. 0,42).

49 — **Detaille** (Ed.). Cavalier porte-fanion, hussard. Second Empire.

Importante aquarelle.   (Haut. 0,46 ; larg. 0,32).

50 — **Ecole anglaise**. Enfants donnant à manger à des canards.

Aquarelle ovale.   (Haut. 0,13 ; larg. 0,16).

51 — **Fragonard** (Honoré). Etude de femme assise.

Crayon noir, rehaussé de blanc, cadre en bois sculpté.   (Haut. 0,36 ; larg. 0,24).

52 — **Fragonard** (Honoré). Escalier dans un parc, avec groupe de femmes au bord d'un bassin.

Sanguine Signé à l'encre : *Fragonard. Roma 1759.* (Haut. 0,36 ; larg. 0.52).

53 — **Fragonard** (Honoré). Intérieurs et Paysages.

Six petits croquis à la plume.

54 — **Gavarni**. Pudeur et Impudeur.

Aquarelle signée.   (Haut. 0,18 ; larg. 0,14).

55 — **Ingres**. Jeune romaine.

Etude au crayon noir. (Haut. 0,25 ; larg. 0,19).

56 — **Le Blant**. Episode de la Retraite de Russie.

Encre de Chine. Signé.   (Haut. 0,18 ; larg. 0,28).

57 — **Ledoux** (Mlle). Jeune paysanne portant des roses dans son tablier.

> Crayon noir et estompe. Signé à l'encre. Cadre en bois sculpté. (Haut. 0,31 ; larg. 0,23).

58 — **Legros** (Alphonse). Portrait de M. Champfleury, directeur de la Manufacture Nationale de Sèvres (1883).

> Mine de plomb. (Haut. 0,32 ; larg. 0,21).

59 — **Leloir** (Louis). L'ami des chats.

> Plume et lavis d'encre de Chine. Signé *Louis Leloir*, *1874*. (Haut. 0,19 ; larg. 0,16).

60 — **Leloir** (Louis). Andalouse couchée et fumant une cigarette.

> Très belle aquarelle. Signé : *Louis Leloir, 1874*. (Haut. 0,24 ; larg. 0,36).

61 — **Leloir** (Louis). Don garcie. (Acte II. Scène V).

> Au lavis d'encre de Chine rehaussé de gouache. Signé : *Louis Leloir*. (Haut. 0,24 ; larg. 0,16).

62 — **Le Prince** (J.-B.) ? Etude de femme.

> Crayons de couleur. (Haut. 0 25 ; larg. 0,21).

63 — **Liotard**. Portrait de Madame d'Estrades.

> Crayons de couleur. Cadre ancien en bois sculpté. (Haut. 0,19 ; larg. 0,14).

64 — Meissonnier (Ernest). Etude pour " le Dimanche à Poissy".

> Devant l'auberge, aux tables occupées par les buveurs, on a installé un tonneau, et un joueur, à gauche, s'apprête la main postée en avant à y lancer le palet. Ses compagnons le regardent d'un air narquois. Ils ont posé leurs tricornes et leurs manteaux sur les bancs de la table qu'ils occupaient. Au premier plan, un chien dort, couché sur le flanc, et des poules picorent les grains d'avoine. A droite, derrière les branches touffues, on aperçoit la demeure et un clocheton.
> Dessin à la pointe sèche, encré de bistre sur papier glacé.
> Le groupe des joueurs est encré de noir (1851).
> Cachet de la vente du Maître (N° 577).
>
> (Haut. 0,20 ; larg. 0,28).

65 — Meissonnier (Ernest). Etude pour « Un Dimanche à Poissy ».

> Au-devant d'un cabaret du siècle dernier, sont rangées les tables assiégées par les buveurs : un joueur de quilles va précipiter sa boule dans un geste violent.
> Dessin à la plume : Les arbres sont dessinés à la mine de plomb. Signé des initiales (1850). Cachet de la vente du Maître (n° 575).
>
> (Haut 0,18 ; larg. 0,27).

66 — Méry. Dispute d'oiseaux.

> Aquarelle. Signé. (Haut. 0,35 ; larg. 0,27).

67 — Myrbach. Cortège de mandarins.

> A la plume Signé. (Haut. 0,33 ; larg. 0,47).

68 — Nattier (J. M.). Portrait d'homme.

> Sanguine. (Haut. 0,15 ; larg. 0,12).

69 — **Pater** (J.-B.). Etudes de femmes.

> Deux dessins à la Sanguine. (Collection Calando).
> (Haut. 0.16 ; larg. 0.14). — (Haut. 0,15 ; larg. 0,19).

70 — **Pierre** (J.-B.). Médée s'enfuit sur un char traîné par des lions pour échapper à la fureur de Jason.

> A la plume avec rehauts de blanc sur papier teinté.
> Signé.　　　　　　(Haut. 0.34 ; larg. 0.44)

71 — **Queverdo** (d'après). Le Bouquet galant.

> Fixé sur verre.　　　　　(Haut. 0,29 ; larg. 0,22).

72 — **Raffet** (Aug.). Leleu, caporal, 1re compagnie du 2e bataillon du 13e léger. *Rome, 1849.*

> Crayon noir.　　　　　(Haut. 0,28 ; larg 0,20).

73 — **Raffet** (Aug.). Femme d'Arpino. *Rome, 1849.*

> Aquarelle signée, 1849.　　(Haut. 0,31 ; larg. 0,27).

74 — **Raffet** (Aug.). Halte de soldats hongrois, tenue de campagne, *1849.* Au centre, l'un porte un ordre accroché à son sac.

> Croquis aquarellé. N° 432 de l'Exposition Raffet 1892.
> (Haut. 0,20 ; larg 0,28).

75 — **Raffet** (Aug.). Rosina Juni, en costume d'été, profil à gauche. *Berne, 7 mars 1849.*

> Aquarelle.　　　　　(Haut. 0,28 ; larg. 0,21).

76 — **Raffet** (Aug.). Porte de la grande horloge. *Berne, 14 mars 1849.*

> Mine de plomb, rehaussé de gouache. N° 533. Exposition Raffet 1892.   (Haut. 0,28 ; larg. 0,20).

77 — **Raffet** (Aug.). Uhlan autrichien. *Novare, 1er et 2 avril 1849.*

> Aquarelle.   (Haut. 0,28 ; larg. 0,21).

78 — **Raffet** (Aug.). Tosetto, lieutenant de Bersagliéri. Vu de dos, tenué de campagne. *Gênes, 12 avril 1849.*

> A la plume.   (Haut. 0,28 ; larg. 0,21).

79 — **Raffet** (Aug.). Tchaïgos Istvan, soldat au rég. Gijulai, infanterie autrichienne. *Florence, 1-7 juin 1849.*

> Mine de plomb.   (Haut. 0,28 ; larg. 0,20).

80 — **Raffet** (Aug.). Un matelot grec. *Livourne, 9 juillet 1849.*

> Aquarelle.   (Haut 0,28 ; larg. 0,21).

81 — **Raffet** (Aug.). Armée française. Trompette au 1er chasseur à cheval. *Rome, 1er novembre 1849.*

> Aquarelle.   (Haut. 0,28 ; larg. 0,21).

82 — Raffet (Aug.). Flanc droit du bastion 5. *Rome, 1849, 13-14 novembre.*

Aquarelle, N⁰ 448. Exposition Raffet 1892.
(H. 0,21 ; larg. 0,31).

83 — Raffet (Auguste). Marche de cuirassiers « projet pour le Rêve ». *Florence, 16-30, octobre 1850.*

A la plume. (N* 524 de l'Exposition Raffet 1892).
(Haut. 0,18 ; larg. 0,29).

84 — Régamey (Fréd.). Le célèbre X... Z., professeur d'escrime. Six compositions dans deux cadres.

Aquarelles. Signées : *Fréd. Régamey.*
(Haut. 0,33 ; larg. 0,24). — (Haut 0,41 ; larg. 0,29).

85 — Restout. Mercure et Amour.

Plume et lavis de Sépia. Cadre en bois sculpté.
(Haut. 0,14 ; larg. 0,09).

86 — Rivoire. Capucines dans un verre.

Aquarelle Signé à droite : *Rivoire.*
(Haut. 0,25 ; larg. 0,34).

87 — Schley. Frontispice pour illustration.

Plume et lavis de bistre. Signé et daté 1720. Cadre ancien en bois sculpté. (Haut. 0,17 ; larg. 0,13)

88 — Somm (Henry). Parisienne se rendant au Moulin Rouge.

Aquarelle. Signé.   (Haut. 0,30 ; larg. 0,20).

89 — Subleyras. Joueur de flûte.

Sanguine. Signé. Cadre en bois sculpté.
                    (Haut. 0,32 ; larg. 0,27).

90 — Toudouze (Edouard). Etude pour la chronique de Charles IX.

Encre de chine. Signé des Initiales.
                    (Haut. 0,27 ; larg. 0,18).

91 — Vigée (L. E.). Portrait de jeune femme, assise et tricotant.

Crayon noir.   (Haut. 0,20 ; larg. 0,17).

92 — Vigée (L E.). Portrait de femme, assise et brodant.

Crayon noir et sanguine. Signé.
                    (Haut. 0,22 ; larg. 0,16).

93 — Yvon (Adolphe). Tambour des grenadiers de la garde.

Crayon noir. Signé.   (Haut. 0,36 ; larg. 0,25).

94 — Ecole Française XVIIe siècle. Femme et enfant.

Lavis rehaussé de gouache.
                    (Haut. 0,16 ; larg. 0,11).

95 — Ecole Française XVIIIe siècle. Portrait d'homme.

Pastel. (Haut. 0,55 ; larg. 0,44).

96 — Ecole Française XVIIIe siècle. Tête de jeune fille.

Aux crayons de couleur. (Haut. 0,22 ; larg. 0,17).

97 — Ecole Française XVIIIe siècle. Tête de jeune femme.

Aux crayons de couleur. (Haut. 0,30 ; larg. 0,22).

98 — Ecole Française XVIIIe siècle. Marine.

Gouache. (Haut. 0,21 ; larg. 0,26).

---

99 — Quatorze dessins et aquarelles.

GRANDE IMPRIMERIE DU CENTRE. — HERBIN, MONTLUÇON.